Zen Mandala

Ein Malbuch für Erwachsene
50 einzigartige Mandalas
Inkl. BONUS

Band 3

Ideal zur Stressbewältigung und Entspannung.

Dieses Malbuch
gehört

____

Achtsamkeit zu üben bedeutet, zum Leben im gegenwärtigen Augenblick zurückzukehren.

Tibetischer Mönch

Hat Ihnen eines der anderen Bände gefallen? Dann werden Sie auch mit diesem Band Ihren Spaß haben. Es erwarten Sie wieder 50 einzigartige Mandalas zum ausmalen. Keines gleicht dem anderen.

Beim Ausmalen können Sie vollkommen entspannen und Kraft tanken. Vergessen Sie die Sorgen des stressigen Alltags und lassen Sie sich völlig auf das jeweilige Motiv ein.

Machen Sie sich frei von Zeitdruck und Verpflichtungen. Setzen Sie sich kein Zeitlimit für das angefangene Motiv und widerstehen Sie dem Drang schnell fertig zu werden. Lassen Sie sich fallen und kommen Sie zur Ruhe.

Durch die Konzentration beim Ausmalen kann das Gehirn völlig abschalten. Es wirkt wie eine Meditation und ein Zustand der Ausgeglichenheit kehrt ein. Zudem wird die Kreativität angeregt und gefördert.

Dieses Malbuch für Erwachsene beinhaltet 50 Mandalas mit unterschiedlichen Schwierigkeitsgraden. Es ist sowohl für Anfänger, als auch für Fortgeschrittene geeignet.

Umschlaggestaltung, Illustration: PadmaxDesign
Verlag: Independently published Peter Dittmar

ISBN Paperback: 979-8602301915

Den Link zum versprochenen BONUS findest du am Ende
dieses Buches.

Wenn dir das Buch bis hierhin gefallen hat, dann würde
ich mich später riesig über eine Rezension von dir freuen.
Natürlich erst wenn du mit dem ausmalen fertig bist.

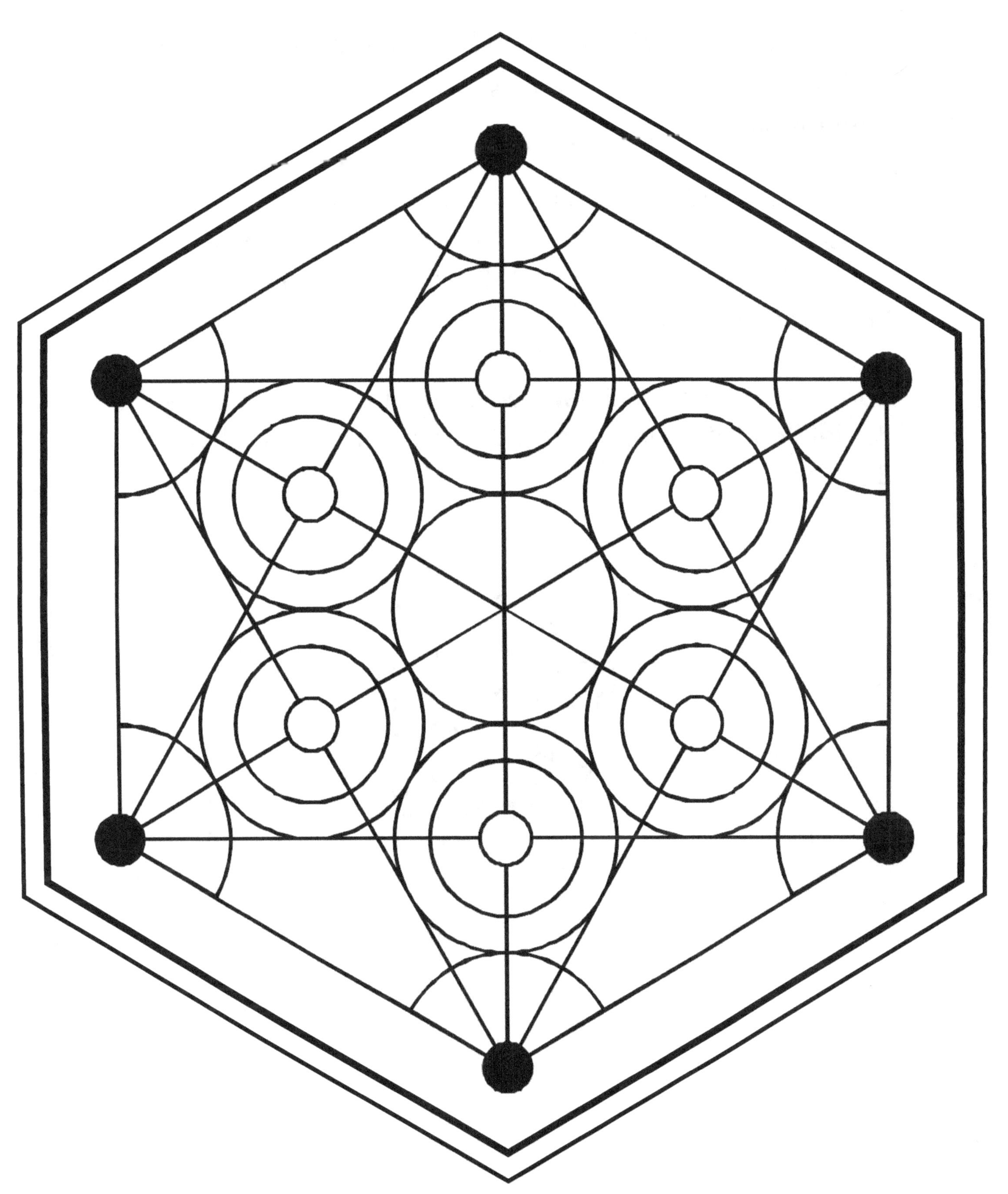

Wenn der Inhalt bisher gefallen hat, dann würde es mich wirklich freuen, wenn du mir später eine Rezession hinterlässt.

Du hast bestimmt viele Freunde, Bekannte und Verwandte. Spricht sie mal an. Vielleicht haben sie auch Interesse an diesem Thema. Vorausgesetzt dir hat das Mandala Malbuch bis hierhin gefallen.

Außerdem gibt es noch zwei weitere Bände. Schau mal auf der letzten Seite. Dort findest du auch den versprochenen BONUS.

Deine Meinung ist mir wichtig. Ich hoffe, das Ausmalen meiner Mandalas war entspannend und motivierend für dich. Hoffentlich bist du zufrieden mit dem Buch. An dieser Stelle würde ich wirklich gerne wissen wollen, was du über dieses Buch denkst. Hat es dir gefallen oder fandest du es grottenschlecht?

Bitte nimm dir ein paar Minuten Zeit, eine Rezension auf Amazon zu hinterlassen und mir deine Meinung mitzuteilen. Ich würde das sehr zu schätzen wissen. Sie würde definitiv von mir gelesen werden. Vielen Dank.

Zusätzlich 50 BONUS Mandala Malvorlagen
50 kostenlose Malvorlagen zum downloaden als PDF
und zum ausdrucken

https://bit.ly/33bGc4o

Wenn du jetzt im Malen deine Leidenschaft entdeckt hast, kannst du auf den nachfolgenden Seiten deine Fähigkeiten vertiefen. Im Einen lernst du wie man Mandalas malt. Im Anderen lernst du die Grundlagen des Zeichnens.

Mandala lernen: https://bit.ly/3i4QFmx

Zeichnen lernen: https://bit.ly/2FWajV3

Wenn du Gefallen am Ausmalen gefunden hast, findest du hier weitere Mandala Malbücher der Bandserie. Zur Zeit gibt es drei Bände.

Band 1 https://amzn.to/3i62AjX

Band 2 https://amzn.to/3ieAq6u

Band 3 https://amzn.to/3kUtltl

Peter Dittmar
Zollamtstr. 5
77933 Lahr
E-Mail-Adresse: padmax12@gmail.de